**Mestres
que seguem
o Mestre**

Coleção Educação e fé
- *A educação à luz da pedagogia de Jesus de Nazaré* – Celito Meier
- *Educar para humanizar* – Antonio Pérez Esclarín
- *Mestres que seguem o Mestre* – Paulo E. Oliveira

Paulo E. Oliveira

Mestres que seguem o Mestre

Uma espiritualidade do educador

Dados Internacionais de Catalogação na Publicação (CIP)
(Câmara Brasileira do Livro, SP, Brasil)

Oliveira, Paulo E.
Mestres que seguem o Mestre : uma espiritualidade do educador
/ Paulo E. Oliveira. – 2. ed. – São Paulo : Paulinas, 2014. – (Coleção
educação e fé)

ISBN 978-85-356-3587-4

1. Educadores – Vida religiosa 2. Espiritualidade 3. Fé I. Título.
II. Série.

13-06850   CDD-248.88

Índices para catálogo sistemático:
1. Educadores : Espiritualidade : Vida cristã : Cristianismo   248.88
2. Espiritualidade do educador : Vida cristã : Cristianismo   248.88

Citações bíblicas: *Bíblia Sagrada*. Tradução da CNBB, 2002.

2ª edição – 2014

Direção-geral: *Flávia Reginatto*
Editora responsável: *Maria Alexandre de Oliveira*
Assistente de edição: *Rosane Aparecida da Silva*
Copidesque: *Cristina Paixão Lopes*
Coordenação de revisão: *Andréia Schweitzer*
Revisão: *Denise Katchuian Dognini*
Direção de arte: *Irma Cipriani*
Gerente de produção: *Felício Calegaro Neto*
Capa e editoração: *Telma Custódio*

---

*Nenhuma parte desta obra poderá ser reproduzida ou transmitida
por qualquer forma e/ou quaisquer meios (eletrônico ou mecânico,
incluindo fotocópia e gravação) ou arquivada em qualquer sistema ou
banco de dados sem permissão escrita da Editora. Direitos reservados.*

Paulinas
Rua Dona Inácia Uchoa, 62
04110-020 – São Paulo – SP (Brasil)
Tel.: (11) 2125-3500
http://www.paulinas.org.br – editora@paulinas.com.br
Telemarketing e SAC: 0800-7010081
© Pia Sociedade Filhas de São Paulo – São Paulo, 2006

Dedicatória:
À minha família, pelas muitas lições partilhadas...
Aos amigos que fazem desta uma obra de muitas mãos...
Aos educadores que tive e que ainda tenho...
Aos educandos que me fazem permanente aprendiz...
Às presenças silenciosas, porque nos ajudam a ouvir a Deus...

Início de conversa

Há muito tempo eu conservava o desejo de partilhar com os colegas professores algumas convicções que nasceram de minha experiência de fé e de magistério.

Não pretendia escrever um tratado de teologia espiritual, simplesmente porque é tarefa para a qual não me sinto preparado. Além disso, há excelentes compêndios para os que desejarem uma leitura mais aprofundada sobre o tema.

Ao contrário, eu queria apenas escrever de modo simples sobre coisas profundas. Queria propor uma conversa amiga sobre o tema da espiritualidade do educador, com a simplicidade de quem educa crianças, jovens e adultos. Queria falar da experiência de fé para aqueles que, comigo, partilham a experiência de educar.

Desse desejo antigo nasceu este livro. A seriedade e o rigor da reflexão não impediram a fluidez da forma e o tom coloquial, o que parece ser mais adequado para elevar o espírito e para nos fazer ouvir a voz de Deus. Creio que Deus é um poeta e um romancista. Os capítulos podem ser lidos separadamente, embora estejam pensados de acordo com uma visão integral do tema. Isso permitirá uma leitura mais meditativa, sem que haja necessidade de recorrer a conceitos anteriormente apresentados.

Espero que, de alguma forma, ele possa iluminar aqueles que fazem da sala de aula um espaço privilegiado de serviço a Deus e aos irmãos.

Que o único Mestre nos eduque a todos.

Paulo Eduardo de Oliveira

Sobre ensinadores e educadores

Há duas maneiras de entender a educação: como ação que prepara a mente e as mãos ou como arte-tarefa que forja pessoas.

No primeiro caso, trata-se de uma ação importante, mas que não chega ao âmago do que é educar. De fato, dar informação, ensinar teorias e ajudar os alunos a desenvolverem certas habilidades faz parte do processo de crescimento e de capacitação para a vida. Sem dúvida, todos nós precisamos disso para assumir nosso lugar no mundo.

Não se pode, porém, reduzir a educação à formação intelectual e prática. Isso corresponde a uma visão estreita da pessoa, motivada pelos excessos do racionalismo e do positivismo modernos. Embora também tenha o seu valor, trata-se mais de instrução do que de educação. Aos obreiros da instrução chamaremos "ensinadores".

A outra forma de compreender a educação, como arte--tarefa que forja pessoas, é imensamente superior. Tal visão corresponde a uma antropologia mais sadia que, sem fragmentar o educando, toma-o em sua totalidade. Assim compreendido, o educando é mais que um aprendiz de técnicas e de teorias, de fórmulas e de habilidades ou aptidões. Ele passa a ser sujeito de sua própria formação, ajudado pelo educador que, mais que simplesmente adestrar a inteligência ou a capacidade operativa, incentiva-o a tornar-se pessoa.

O ensinador precisa ser capaz de dominar as técnicas de ensino e as metodologias. Precisa ater-se ao conteúdo ensinado e aos meios adequados de mensuração do que foi retido pelo aluno. Sua linguagem é técnica e o relacionamento que estabelece com os alunos é estritamente funcional: "eu ensino, vocês aprendem".

O educador, pelo contrário, além da habilidade didática e do domínio de sua ciência específica, precisa ser apto a permitir que o educando se descubra como pessoa. Isso significa, entre outras coisas, ajudar o educando a:

- aprender a ser livre e a usar com responsabilidade a sua liberdade (quando nascemos, poucas coisas estão definidas; o que de fato seremos dependerá de nossas escolhas; não podemos fugir da responsabilidade de escolher e de nos tornar o que queremos ser);

- tomar consciência da condição humana de estar sempre a caminho (na escola da vida não há formatura nem diplomação que nos dêem o direito de parar de aprender ou de nos considerar donos da verdade);

- abrir-se para o outro, sem o qual a vida perde seu sentido mais profundo (nascemos de uma relação e não podemos ser felizes a menos que estabeleçamos laços com as outras pessoas);

- descobrir que a vida não se limita ao contingente, à materialidade, à imanência. Isso implica aprender a abrir-se para o que nos transcende, para aquilo que está além de nossa finitude (como a experiência de um amor que queremos tornar eterno, assim a vida humana não se contenta com os limites do tempo e da matéria, mas se abre ao infinito).

Em vista disso, o educador não assume apenas uma posição funcional, mas uma *disposição relacional*. Sua linguagem é mais afetiva que técnica, embora ele seja rigorosamente preciso nos conceitos e nas formulações teóricas que ensina. A sala de aula e os outros ambientes educativos perdem a formalidade desnecessária e passam a conter uma atmosfera de convivência fraterna e amigável. Embora haja disciplina, o respeito dá o tom certo às relações. Isso é ser educador.

Diferente da atuação do "ensinador", a ação do educador depende não apenas de uma habilidade, mas de uma *atitude*. Isso significa que, além da ciência e da técnica, o educador transmite *valores*. Aqui está a raiz da espiritualidade do educador: ele aponta para o sentido da vida que não se resume apenas no aqui e no agora, mas que tende ao infinito.

A tarefa de educar transcende os limites do conhecimento racional e das aptidões técnicas ou manuais. O educando não é apenas preparado para *fazer*, mas para *ser*. Uma vez inserido no mundo profissional, não é apenas o seu *sucesso* que importa, mas a sua *realização como pessoa*.

Isso pode soar como utopia, mas nada teria mudado no mundo se o homem não ousasse sonhar. Também a educação pode se transformar e vir a ser algo que contribua ainda mais para a formação de pessoas livres e felizes. É esse desejo, ainda não totalmente realizado, ainda utópico, que torna possível uma reflexão sobre a mística da arte-tarefa de educar.

Pensando bem, não há educação nem espiritualidade sem utopia, porque talvez não haja humanidade sem sonho. Somos, afinal, o fruto do sonho de Deus.

Sabedoria espiritual

Um velho camponês, todos os dias, antes de enfrentar a lida no campo, descansava sua enxada na porta da igreja matriz. De chapéu na mão, entrava no templo de olhos baixos, reverente, vencendo a passos miúdos o corredor imenso e solitário. Então ajoelhava-se com esforço e levantava os olhos para o altar, como quem soubesse exatamente o que ali iria encontrar. Sim, ele o sabia, pois este mesmo gesto era repetido havia mais de trinta anos. E ali, de joelhos, olhar erguido, num silêncio monástico, o velho homem permanecia por ao menos um quarto de hora.

A cena era surpreendentemente bela, a ponto de chamar a atenção do jovem cura que, desde sua chegada à matriz, observava o velho camponês em seu rito diário.

Os anos passaram, roubando as forças do camponês, mas não foram capazes de lhe roubar o ânimo e a fé. O padre também envelheceu e, quando ia ser transferido para outra sede paroquial, não se conteve e aproximou-se do velho que, durante todos aqueles anos, repetia suas rezas no mesmo silêncio.

— Meu bom senhor, tenho-o observado durante todos esses anos. Vejo que o senhor se aproxima do altar, depois de ter deixado sua enxada na porta da igreja, e fica sem dizer nada, apenas olhando para o alto. O que o senhor diz para Deus? — perguntou o padre, sob o olhar espantado do velho camponês.

— Senhor vigário, não me leve a mal, mas não sei se tenho algo a lhe ensinar. Afinal, o senhor é que é homem de Deus; eu sou um pobre camponês, sem estudo, sem nada. Mas aprendi que se deve respeitar os homens de Deus. Por isso, vou responder, como sei, à sua pergunta.

O padre estendeu a mão ao bom homem, ajudando-o a se levantar. Sentaram-se, lado a lado, num banco próximo e o velho continuou:

— Eu não digo nada para Deus, não tenho palavras, não sei o que dizer. Fico apenas olhando para ele e sei que ele fica olhando para mim. Quando estou no campo, não digo nada para o sol e mesmo assim ele me ilumina e até queima minha pele. Assim faço com Deus. Espero que ele me ilumine e queime minha alma, deixando em mim suas marcas, seu calor e sua força.

Esta pequena história me faz recordar a passagem do Evangelho em que Jesus, cheio de entusiasmo, declara: "Eu te louvo, Pai, Senhor do céu e da terra, porque escondeste estas coisas aos sábios e entendidos e as revelaste aos pequeninos" (Mt 11,25). O caminho espiritual, isto é, a convivência com Deus ou a experiência de fé não exige erudição e acúmulo de títulos acadêmicos.

A espiritualidade do educador não pressupõe ciência apurada, apenas uma sabedoria modelada com a paciência e a simplicidade de um oleiro que, do barro, retira sua obra.

A espiritualidade do educador não é uma *atitude academicista*, destinada apenas aos entendidos e iniciados. Antes, é uma busca humilde do caminho que nos leva a Deus a partir de nossa ação como educadores.

Essa busca de Deus supõe consciência de si e dos próprios limites, mas também supõe a atitude de fé. "Senhor, eu não sou digno de que entres em minha casa. Dize uma só palavra e o meu criado ficará curado" (Mt 8,8). Nas palavras do oficial romano, Jesus reconheceu a maior demonstração de fé que ele mesmo viu em toda a sua atividade pública.

Com o centurião romano, podemos dizer: "Senhor, eu não sou digno de que entreis em minha vida, em minha sala de aula, em minha escola. Mas, dizei uma só palavra e toda a minha vida se modificará".

Essa é a prece do educador que quer aprofundar sua experiência de fé. Seja como professor, catequista, diretor de escola, leigo ou leiga, religioso ou religiosa, pai ou mãe de família, não importa: somos todos educadores. Deus chama cada um de nós a uma experiência de amor e de fé, iluminados pela força do seu Espírito.

A vida segundo a carne

Em algumas histórias e fábulas infantis, os castigos consistem em transformar as pessoas em animais. Isso parece muito significativo.

Imagine se você, de uma hora para outra, passasse a ser um cão, ou um sapo, um pássaro, quem sabe. Por um instante, talvez você achasse graça e até desejasse poder fazer algumas coisas que eles podem, como voar, viver sem regras, guiar-se apenas pelos próprios desejos.

No entanto, o que os *castigos* certamente revelam é que, no animal, a existência é uma prisão. Ser transformado em um animal é o mesmo que ser aprisionado. De que prisão estamos falando? Da prisão na contingência. Ou, em termos menos filosóficos, da prisão na condição de simples seres materiais, sem ideais, sem destino, sem história, sem vida no espírito.

Embora a tradição moderna tenha insistido na materialização da vida humana, como se tudo se resolvesse aqui e nada mais nos restasse, é curioso perceber a sede que o homem tem pelo espírito. Ninguém consegue viver por muito tempo preso somente à matéria, sem se deixar levar pelo desespero de uma existência sem sentido.

Não é de admirar que, em nosso tempo, como jamais ocorreu, o homem tenha se mostrado tão infeliz e vazio, disposto a tudo para encontrar algo que alimente seu espírito enfraquecido. Por isso, percebemos o despertar dos mais variados fenômenos religiosos, das religiões clássicas às formas mais modernas de religiosidade, tanto as que promovem o equilíbrio e a harmonia, quanto as que levam ao fanatismo e à barbárie completa.

A vida sem espiritualidade é vida segundo a carne. É o homem reduzido a animal, que responde a instintos, que busca apenas sobreviver e conservar a espécie. É a vida que se gasta aqui, porque nada mais existe além. É a vida que se esvazia de si mesma e que acaba se dissolvendo no vazio absoluto, num desespero sem sentido, em que apenas a morte pode ser esperada.

Embora essa visão pareça trágica demais, é exatamente isso o que algumas correntes de pensamento — as correntes materialistas — nos ensinam: nada existe além da vida material; o homem é um ser que nada espera além da morte; nada tem sentido, por isso devemos aproveitar aquilo que de bom se pode tirar da vida breve e insignificante que temos.

O que podemos esperar? Todos nascem, crescem, consomem-se no trabalho, amam ou não amam, têm filhos ou não os têm e, mesmo assim, vão acabar do mesmo jeito. A vida é uma ilusão, como todos os nossos sonhos.

Essa é uma forma de compreender a existência humana, uma forma que cativou muita gente e arrastou um sem-

-número de adeptos, inclusive alguns fanáticos pregadores dessa doutrina, como se tais idéias fossem a promessa de libertação do homem — um homem condenado ao nada e à insignificância da própria existência.

"Viva seguindo seus instintos; busque o prazer e curta a vida; faça o que você tem vontade, aproveite o que é bom, não se reprima; não se preocupe com aquilo que é permitido ou não; viva a vida..." Essas são algumas das idéias que revelam, mais do que um espírito livre, uma alma angustiada e aflita pelo próprio vazio de sua condição.

Muitos dos que aderiram a estes ensinamentos acabaram buscando outras trilhas onde pudessem encontrar um pouco mais de alento e de paz. O coração humano deseja a paz tanto quanto o corpo anseia pelo ar e pela água. A paz, porém, não é algo que nasce da carne, mas do espírito. A vida da carne pode sossegar o apetite e alimentar o prazer, mas não apazigua a alma. Quem se deixou arrastar por algum tipo de vício pode nos ensinar muito sobre isso: não há satisfação de apetite capaz de saciar nossa sede de paz interior.

É uma falsa idéia a atual propaganda que promove o *hedonismo*, o culto e a busca do prazer como a finalidade última da vida. O homem não existe apenas para se satisfazer, mas para se realizar.

Há muitas relações amorosas que fracassam porque os amantes querem apenas prazer, mas isso não é suficiente para realizar alguém e sustentar uma relação. Não é preciso ser psicólogo ou analista de qualquer naipe para saber disso. Há pessoas que dão a própria vida pelo prazer, pela droga, pelos vícios, pelo sexo, pelo poder e domínio sobre os outros (o que é uma forma de prazer, como o sadismo, por exemplo) e acabam descobrindo que sua existência perdeu todo o sentido. E qual é o sentido da existência? Onde está o sentido da vida? Essas são as perguntas fundamentais que a educação, seja na família, seja na escola ou na religião, deveria nos ajudar a responder.

O sentido da vida é a questão fundamental, é o problema crucial da educação. Nada do que ensinarmos fará sentido se não ajudar o educando a descobrir em que consiste o sentido da própria existência. A base humanista da educação consiste, precisamente, em levar o homem a descobrir o sentido da vida. O resto é informação, formação profissional, erudição, ciência, competências a serem adquiridas e o que mais quiserem os educadores (e os burocratas da educação).

A vida segundo o espírito

O homem não é um simples animal. Ele não se contenta em agir apenas segundo as regras ditadas pela natureza, como os outros animais. Poderia viver apenas de acordo com os instintos ou impulsos, respondendo somente aos estímulos vindos de sua estrutura biológica. Porém, parece que isso só não lhe satisfaz. Ele não se contenta em ganhar a vida, mas procura sempre dar significado à sua existência. Não trabalha apenas pelo pão, mas para se tornar pessoa, para se realizar, para construir algo que conserve a sua marca.

O homem não vive, apenas, sobre a Terra: ele escreve uma história, a sua história, cheia de contradições e de limites, mas, essencialmente, sua. E assim, busca elevar-se.

Tudo o que fazemos exige a presença de uma força que, de certa forma, nos supere. Alguns chamam isso de motivação, outros de ideal, outros ainda de impulso vital. Parece que o nome não é o mais importante. Importante mesmo é perceber que não há atividade humana que não seja motivada por alguma *força espiritual*.

Seja o empenho por uma profissão, a dedicação a quem se ama, o empenho pelos filhos ou pelos pais idosos, a vida dedicada aos pobres ou aos doentes, a luta por alguma causa — tudo isso parece corresponder a um impulso interno de nossa alma, a um desejo misterioso de nosso espírito.

A essa força que nos move o espírito chamamos de *espiritualidade*. Neste sentido, podemos dizer que é uma característica de toda a raça humana esse mover-se por uma causa que nos arrasta para além da superfície material, para além do pó de nosso dia-a-dia. A espiritualidade não está ligada, necessariamente, a alguma religião, pois pode ser a expressão do espírito humano mesmo, em sua natureza própria.

Um atleta pode estar sendo movido pelo impulso de seu espírito quando aceita todos os sacrifícios que sua condição impõe; um músico deixa-se mover pelas ondas do próprio espírito, manifestando em pautas e notas as expressões mais belas de seu mundo interior; a mãe que se doa pelos filhos sente-se impelida por uma força que supera a fraqueza do próprio corpo; um enfermo, com o corpo já corroído pela dor, ainda encontra forças para agarrar-se à vida, misteriosamente.

Isso é espiritualidade: a força espiritual que *anima* nossa existência. A própria palavra *anima*, que vem do latim, expressa justamente isso: a alma que existe em nós. Isso nos faz ultrapassar o limite da imanência, levando-nos à transcendência.

O que isso significa? Significa superar a própria materialidade das coisas para atingir seu lado espiritual. Não é, necessariamente, uma divisão dualista, como alguns pensadores diriam, isto é, uma divisão que separa o homem em corpo e espírito. Na verdade, é apenas a compreensão de que o homem, que é corpo, é também espírito. Mais do que uma visão dualista, é uma visão integradora das duas forças que, juntas, formam o humano. Um espírito sem corpo é um fantasma, e um corpo sem espírito é um cadáver. O homem é corpo e espírito numa só unidade, como duas realidades que só existem juntas. Assim são a vida e a morte, a luz e a treva, o abismo e a planície, o amante e o amado. Cada uma dessas realidades só existe em relação à outra. Não podem ser pensadas isoladamente, porque só existem sendo duas, sempre. Assim se dá com o corpo e o espírito do homem: são uma só coisa que existe em duas dimensões complementares.

Neste sentido, podemos dizer que a pessoa humana é sempre movida por uma espiritualidade, mesmo quando não tem consciência disso, ou mesmo quando não participa de nenhuma instituição social, à moda de uma religião, que torne essa espiritualidade mais explícita. Sempre agimos seguindo os impulsos de nosso espírito e por isso podemos falar de espiritualidade e de vida espiritual do homem.

Se a espiritualidade, porém, pode ser reconhecida em qualquer atividade humana, mesmo que não seja religiosa, é na religião que ela encontra seu pleno desenvolvimento, embora essa não seja uma exigência natural.

Muitos homens e mulheres viveram guiados por seus espíritos nobres e construíram uma vida a serviço do bem, do amor e da paz sem jamais se ligar a um movimento religioso.

Nenhuma religião pode se considerar a única forma de acesso à vida do espírito. Mas, em todas as culturas que desenvolveram expressões religiosas, a espiritualidade ali encontrou terreno propício para se desenvolver e manifestar.

A religião, portanto, é a forma que um determinado grupamento humano descobriu para orientar a força interna do seu espírito. As diferentes religiões são, assim, caminhos distintos pelos quais o espírito humano se desenvolve, escalando os picos mais elevados da existência, galgando as esferas mais altas do existir do homem, superando a simples materialidade de sua condição.

Nisso reside a grandeza de toda manifestação religiosa e a faz merecedora de nosso mais profundo respeito. O diálogo entre as religiões nasce dessa consciência de que todos subimos uma mesma montanha, em busca do infinito, embora escolhamos lados diferentes para a escalada.

Espiritualidade ou espiritualidades?

Não há apenas um único rio que conduza ao mar. Não há um caminho exclusivo que nos leve ao encontro com o Absoluto. Cada época, cada cultura, cada raça ou cada nação descobriu meios diferentes de orientar sua busca espiritual.

A história das religiões tem exemplos incontáveis da criatividade humana em abrir pegadas para o infinito. Cada povo do seu jeito, cada época com seus ritos, cada tempo com suas ênfases, todos em busca de um único mar que um dia se abriria imponente, acolhendo-os sem discriminação.

Do ponto de vista histórico, portanto, podemos falar de *espiritualidades*, no plural, ou seja, diferentes formas de orientar a vida segundo o espírito.

Há um outro uso da palavra *espiritualidade* também no plural. Na tradição humanista, quero dizer, na tradição que dedica à pessoa humana o foco principal de sua atenção, podem-se destacar ênfases distintas: alguém pode se sentir motivado pela questão da justiça social, outro pela questão do sofrimento e da doença, outro, ainda, pela educação da juventude abandonada.

O que são essas diferentes formas de serviço à pessoa, ou melhor, de motivação para o serviço ao ser humano? Distintas espiritualidades, embora todas elas tenham uma raiz humanista e não necessariamente religiosa. (Mas não sei qual forma de religiosidade autêntica deixaria de se preocupar com o homem. Os projetos religiosos são sempre projetos humanistas.) Em todos esses casos, pode-se falar de *espiritualidades*, ou seja, diferentes formas de se deixar guiar pela força do espírito.

Isso, porém, não é tudo.

Há também a possibilidade de falarmos em *espiritualidade* no singular. Neste sentido, refere-se àquela ânsia humana pelo sentido da vida, pelo significado da existência humana sobre a terra, pela realização da pessoa em sua condição histórica, como dissemos de início.

Se existe uma mística ou uma espiritualidade do educador, ela reside precisamente nisso: em educar para a descoberta do sentido da vida. O resto o computador e os modernos recursos de educação a distância podem fazer melhor do que nós. Mas indicar trilhas para a descoberta do sentido da vida, nenhuma máquina semi-inteligente poderá fazer por nós. O professor que só transmite conhecimento talvez tenha medo de, um dia, ser substituído pelo computador ou por qualquer recurso didático eletrônico. Mas o professor que é também educador, esse jamais será substituído (a menos que se inventem computadores comprometidos com os valores, com a ética, com o afeto, com o amor e a justiça...).

Labirinto religioso

Às vezes imagino o homem de nosso tempo dentro de um labirinto, sem um novelo de lã para marcar seus passos e encontrar a saída. A modernidade produziu homens desorientados, perdidos em seu próprio relativismo. A sede por liberdade afogou-nos no poço de uma subjetividade orientada apenas para o prazer e o gozo individualistas. Crescemos como multidão que se acotovela, enquanto tenta evitar o encontro com o outro; somos pessoas que, obrigadas a conviver, aperfeiçoam a arte de viver cada vez mais isoladas. A pretexto de conservar a própria subjetividade, esquecemo-nos do que nos mantêm na verdadeira *condição humana*.

Do ponto de vista espiritual, a realidade não é diferente. Todos tateiam por caminhos diversos, sem saber ao certo aonde chegar. Estamos lado a lado, mas nem sequer paramos para conversar sobre nossos interesses e nossas buscas. Parece uma corrida na qual quem chegar primeiro será o único a levar o prêmio. Conservamos o velho hábito de levantar as bandeiras das guerras santas, matando os soldados do nosso próprio batalhão, como se essa guerra só permitisse a vitória de um único indivíduo. É curioso notar como a competitividade entrou no terreno religioso e se adaptou perfeitamente a ele.

A crise espiritual de nosso tempo é dramática. Por mais que, para muitos, pareça um florescer do sagrado e do místico, creio que para os cristãos pode ser um perigo. Não porque os cristãos sejam melhores do que os outros. A história tem demonstrado episódios em que devemos acreditar no contrário. Creio que é um perigo também para as outras expressões de fé, mas não posso falar em nome delas. Contento-me em falar na condição de cristão.

O perigo a que me refiro é de base ou, em outras palavras, está na raiz da própria fé que os cristãos conservam em potes de barro.

A experiência cristã ou a vida cristã é, essencialmente, o *seguimento de Jesus*. Não me parece haver outra definição, senão alguma variante retórica, mas sem alteração teológica significativa.

A espiritualidade cristã, por sua vez, torna-se experiência religiosa ou mística de quem segue Jesus. Como os primeiros discípulos, estamos todos os dias sendo chamados a seguir o Cristo que se nos apresenta, enquanto consertamos nossas redes: "Vem e segue-me". Esse chamado, permanente e, ao mesmo tempo, sempre novo, pede de nós uma resposta diária. Deixo tudo e sigo aquele que chama ou finjo que não ouço seu chamado e continuo com as minhas ocupações.

A crise espiritual de nosso tempo produziu, ainda, outras formas de resposta ao chamado de Jesus. Em vez de responder ao Cristo que nos convida a segui-lo pelo *engajamento na história*, respondemos como quem imagina que será o único escolhido a sair do labirinto e a encontrar um tipo de felicidade sem compromisso e sem cruz.

Este fenômeno patológico cada vez mais freqüente pode ser descrito como um tipo de *individualismo cristão*, o que, por definição, é paradoxal. E creio que ele está na raiz de todas as outras formas de individualismo que levam ao egoísmo, à opressão e à negação do encontro com o outro. Essa atitude falsamente religiosa ganha espaço cada vez maior mesmo nos ambientes dos "religiosos por profissão", como diz Arturo Paoli.[1]

Esse é o perigo que rodeia o cristão desses tempos em que fervilham as manifestações religiosas mais extravagantes e, ao mesmo tempo, mais infantis. Infantil não significa, aqui, uma depreciação da condição da criança. Significa, apenas, considerar que, para a criança, tal forma de expressão religiosa é absolutamente normal, mas se torna ridícula para quem se diz maduro na fé. Ainda mais quando se trata de padres, religiosos e leigos comprometidos, pessoas que, em tese, deveriam ser *espiritualmente adultas*.

O que ocorre com a criança é imaginar uma religião mágica, que resolve seus problemas, que tira seu medo, que alivia seus temores, que a torna "melhor" por encanto, como num conto de fadas.

Não há comprometimento porque se trata de dois mundos incomunicáveis: o mundo do encantamento e o mundo real. Daquele, esperamos as promessas, passivos, depen-

---

[1] PAOLI, Arturo. *Espiritualidade hoje*; comunhão solidária e profética. São Paulo, Paulinas, 1987.

dentes, infantes. Nesse, vivemos nossos dias, entre uma brincadeira e outra.[2]

Às vezes a resposta ao chamado de Cristo, pela repetição diária, torna-se automática, inconsciente, mecânica, e já não sei mais o que significa dizer "sim".

Não é raro encontrarmo-nos na condição de pessoas que acreditam seguir a Cristo, mas que estão distantes de suas pegadas. Nossa resposta rotineira ao seu chamado não nos permitiu perceber de que lado vinha a sua voz. Seguimos uma imagem, uma idéia, feita nos nossos moldes; seguimos uma lembrança, mas não nos comprometemos com a pessoa de Jesus e com seu Evangelho.

Seguimos aquele Cristo que aprendemos de modo deformado, estereotipado, esquizofrênico, num tipo de catequese ou de formação espiritual ("deformação" seria o termo mais correto) desencarnada da história e do verdadeiro sentido profético do Evangelho.

Em outros casos, deturpamos o Evangelho, transformamo-lo em "conto de fadas", tiramos-lhe a gravidade histórica e as exigências por demais assustadoras e comprometedoras.

Não é raro encontrar líderes religiosos, com acesso aos mais modernos veículos de comunicação e, por isso, atingindo multidões, que anunciam uma religiosidade infantil, de conto de fadas. Penso que a Igreja tem uma grande parcela de responsabilidade quando permite que a fé seja grosseiramente simplificada e infantilizada desse modo.

---

[2] Desnecessário é dizer que o elogio que Jesus faz às crianças, colocando-as como modelo para os que desejam entrar no Reino dos Céus, não se refere a essa situação psicológica de como a criança vive a relação do mundo real com o mundo dos contos de fadas. Jesus, ao que tudo indica, referia-se à simplicidade e à autenticidade das crianças (Mt 18,1-4) e não ao *infantilismo religioso*.

Não é por menos que muitos cristãos, realmente comprometidos com o Evangelho e com sua força de transformação histórica, sintam-se estrangeiros dentro de suas comunidades paroquiais ou de suas dioceses. Os bispos precisariam estar mais atentos em verificar a maturidade espiritual, e mesmo doutrinal, daqueles religiosos que têm acesso a microfones e câmeras de televisão.

Somos ingênuos ao analisar alguns fenômenos da cultura de massa. O alto índice de audiência de um religioso em um programa comercial é sinal de alerta e não de contentamento. Não significa que os produtores ou a emissora estejam se convertendo ao Evangelho ou tenham um compromisso com a mensagem de Jesus.

Antes, significa que aquele padre ou religioso tem um discurso apropriado à mentalidade de hoje: não ataca os contravalores, não denuncia as graves questões sociais de nosso tempo, não é um profeta a gritar contra os falsos deuses do poder, do prazer e do consumismo, não critica a cultura da morte, não tem uma presença evangélica nem eclesial.

Muitas vezes, apenas veste-se com as roupas próprias de um "profissional religioso", que cumpre um papel, um fantoche, que exibe uma posição social, às vezes ridícula, naquele contexto. Mas a atração que os holofotes exercem sobre ele não lhe permite perceber o ridículo. Eles me fazem lembrar dos dois irmãos que queriam disputar a direita e a esquerda do trono de Jesus.

A presença desses religiosos, em vez de anunciar uma renovação espiritual de nosso tempo, confirma a mentalidade anticristã de nossa sociedade, legitima a inversão de valores, *abençoa* a degradação ética e moral, coloca em descrédito a mensagem cristã e a posição da Igreja. E, pior ainda, confunde os cristãos. Se o padre está lá é porque "aquele programa é bom". Se o padre canta e dança naquele palco é porque "ali é um espaço de valores pelos quais podemos nortear nossas vidas e a educação de nossos filhos". Se o padre pode estar como um artista ao lado de pessoas que vivem pela fama, pelo dinheiro, pelo sexo sem responsabilidade, que fazem do divórcio uma prática comum e banal, "é porque a Igreja aceita tais valores".

Essa é a mensagem subliminar que a presença de religiosos imaturos na fé passa pelos meios mais modernos de comunicação, naqueles horários de maior audiência.

Esse sucesso que muitos religiosos fazem na televisão é antievangélico e ameaça o seguimento autêntico de Jesus. Quando Jesus disse para "gritar de cima dos telhados", ele não nos autorizou a dizer qualquer coisa nem a trair o Evangelho. Jesus não andava com os publicanos para legitimar seu modo de vida, mas para lhes anunciar o Reino e incitá--los à conversão.

A espiritualidade que propõe uma *paz de espírito acrítica*, certa *indiferença diante do mundo* e, mais ainda, um *distanciamento ou isolamento dos outros*, não pode ser considerada uma experiência cristã. Jesus disse: "Não penseis que vim trazer paz à terra" (Mt 10,34). Isso significa, claramente, que sua proposta não é de comodismo, de espera tranquila, de preguiça espiritual até que o Reino venha a nós. Antes, ele nos pede engajamento, compromisso de transformação das estruturas do mundo, esforço e empenho para a construção do Reino aqui e agora.

A espiritualidade cristã não pode ser confundida com *terapia espiritual* coletiva ou individual. Embora Jesus nos liberte do mal e do pecado, essa libertação nunca se dá num contexto de isolamento e de individualismo, mas num ambiente comunitário. A sogra de Pedro, curada, coloca-se a servir (Mt 8,14-15). A atual tendência de *psicologizar a fé cristã* enfraquece seu sentido mais profundo e originário. Jesus não veio restituir a paz da consciência individual, mas estabelecer um novo mundo de relações, uma nova ordem social, uma nova forma de adorar a Deus em espírito e em verdade.

O Evangelho é claro quando afirma que aquele que se julga mais merecedor do que o outro, aos olhos de Deus, sai do templo em pecado, enquanto o pecador contrito sai justificado. O que está em jogo são as relações entre nós, antes mesmo do que as nossas relações com Deus. O Evangelho é bastante claro: "Quando estiveres levando a tua oferenda ao altar e ali te lembrares que teu irmão tem algo contra ti, deixa a tua oferenda diante do altar e vai primeiro reconciliar--te com teu irmão" (Mt 5,23-24).

Ninguém se salva sozinho. Ninguém vai a Deus senão pelo caminho da fraternidade e da comunhão. O critério do julgamento é claro: "Eu estava com fome, e me destes de comer" (Mt 25,35). Jesus não disse: "Tive fome e rezastes por mim; venha, pois, para o meu Reino".

Não estou dizendo que a oração não leva a Deus. É claro que leva e é claro que ela constitui um caminho espiritual privilegiado, vivido e ensinado pelo próprio Cristo. Mas a nossa oração deve mudar a estrutura das nossas relações. Se alguém tem fome entre nós é porque não soubemos partilhar; é porque nossa justiça não é ainda a justiça do Reino; é porque nossa caridade é discursiva e não transformadora da história; é porque nossa fé é infantil.

A espiritualidade cristã, incluindo a oração, a liturgia, os sacramentos e os ritos, é uma espiritualidade voltada para as relações entre os homens e para a transformação do egoísmo em fraternidade. Se não for assim, é vazia e hipócrita. Não sou eu quem o diz. Está no Evangelho.

Esse é o sentido da multiplicação dos pães e da própria eucaristia. Comemos todos de um mesmo pão, partilhado, repartido, passado de mão em mão, ao redor de uma única mesa. A eucaristia não é individual nem pode ser individualista. Se o for, contudo, será mais condenação do que salvação.

Foi isso que aconteceu com Judas. Ele não estava comungando de um mesmo pão, de um mesmo compromisso, de um mesmo espírito. Ele estava aprisionado em seu próprio egoísmo. Era esse o seu pecado e é, muitas vezes, também o nosso: comungamos do corpo da união enquanto vivemos divididos e dividindo. O cristianismo é uma experiência espiritual comunitária ou não é cristianismo.

A crise espiritual de nosso tempo não pode ser resolvida com *tendências religiosas esquizofrênicas* que separam os homens em dois mundos. Ou, pior ainda, que criam um mundo religioso em paralelo com o mundo real da vida, dos acontecimentos e das relações humanas.

Há muitas práticas *espiritualistas* que não chegam a ser espiritualidade:

- elas comovem, mas não transformam;

- anestesiam nossa consciência, mas não nos levam ao engajamento concreto com a construção do Reino de Deus;

- levam-nos a "falar línguas", enquanto a linguagem do amor real ao próximo continua incompreensível e impraticada;

- fazem-nos comprometidos e atarefados com as "coisas de Deus" de tal modo que passamos ao largo da estrada e não vemos o homem caído à beira da morte;

- "descontaminam-nos" do mundo e da história, como se pudéssemos viver o Evangelho numa bolha esterilizada.

Essa atitude deforma o Evangelho e transforma a experiência cristã numa atitude doentia que conduz ao fanatismo e ao farisaísmo. Portanto, esvazia o cristianismo de sua força libertadora e fraterna.

Dá-me de beber

Os homens e as mulheres de nosso tempo se parecem com formigas agitadas sobre o formigueiro: cada uma segue para um lado, sem orientação, sem destino certo, sem saber o que deseja. No caso das formigas, reações químicas lhes dão um sentido para a caminhada e, assim, para a própria existência. No nosso caso, não podemos esperar que apenas tais reações (de simpatia ou de afinidade, por exemplo) sejam suficientes para nos orientar.

O movimento agitado que fazemos sobre o formigueiro humano mostra o desconforto em que vivemos. No silêncio dos rostos que se cruzam sem se olhar, gritamos todos juntos: "Estamos com sede".

Mais do que garantir a sobrevivência, como as formigas, queremos algo que satisfaça nosso inquieto coração. Jesus, ao ser tentado no deserto, respondeu ao maligno: "Não se vive somente de pão" (Mt 4,4). Creio que Jesus falava em nome de todos os homens e mulheres que, não raras vezes, se vêem tentados a limitar suas vidas à matéria e ao prazer imediato.

Não! Não nos contentamos apenas com a vida do corpo e com o bem-estar material. Queremos mais! Ansiamos por algo que nos eleve de nossa contingência e nos dê um sentido mais profundo à vida.

A crise de nosso tempo, que se revela especialmente na crise de valores ("tudo é permitido"), expressa de modo eloqüente nossa decepção diante do materialismo simplista. Em termos de matéria, permitimo-nos tudo: do conforto sem medida ao sexo livre; da extravagância ao domínio dos outros; do culto ao prazer ao culto do próprio ego.

Os resultados mais severos se fazem sentir, sobretudo, na família e em seus rebentos. Pais desorientados e filhos perdidos, ou pais solitários e filhos órfãos. É assim que se apresentam muitos de nossos educandos e suas famílias.

O estado de depressão coletiva em que nos encontramos é mais do que prova de que nossa moral materialista não nos levou à felicidade. Sentimo-nos frustrados, investindo tudo naquilo que nada mais era senão promessas vazias e esvaziantes:

- Exibimos o corpo, ao vivo e em cores, mas não encontramos a alma.

- Compramos tudo o que a propaganda apresenta, mas nem sequer percebemos que nos oferecem apenas o que é descartável, não aquilo que permanece em nós e nos faz ser mais.

- Ansiamos por *status* e poder, mas nossas relações tornam-se cada vez mais superficiais e passageiras.

- Chegamos à Lua e dominamos técnicas surpreendentes de viagem para outros planetas, mas não conseguimos nos voltar para dentro de nós mesmos.

- Construímos máquinas de inteligência artificial, mas não somos inteligentes o bastante para preservar a vida das pessoas e do planeta.

- Defendemos as baleias, mas matamos crianças de fome ou permitimos que morram antes de nascer.

- Erguemos muros e fortalezas para proteger nossas casas, mas não sabemos semear a paz que os tornaria desnecessários.

- Investimos mais em armamento do que em livros.

- Construímos mais bancos do que praças e escolas.

- Pagamos religiosamente o dízimo ao *shopping*, mas nos esquecemos de ir à igreja e de viver em comunidade.

Por vezes, a educação que oferecemos se deixa levar pelos mesmos valores (ou contravalores, o que me parece mais adequado). Mesmo na escola católica, às vezes nos fazemos servos do sistema e não do projeto de Deus. Então, não posso deixar de ouvir a severa exortação de Jesus: "Ai daquele que escandalizar um destes pequeninos" (cf. Mc 9,42).

Os movimentos espirituais desse início de século revelam nossa angústia. Desesperadamente, buscamos algo que preencha nosso vazio interior, algo que mate nossa sede de infinito. Dos cristais e florais à numerologia, da meditação às práticas energéticas, de uma religião cósmica a uma religião individualista e "pronta para usar", parecemos náufragos esforçando-se por encontrar algo em que se apoiar. Como os discípulos assustados, gritamos: "Salva-nos, Senhor, pois perecemos".

Não é à toa que alguns estudiosos da cultura insistem em afirmar que esse século será místico ou não será. Ou voltamos à fonte da vida ou nos destruímos em massa, num único golpe.

Quem tem a tarefa de educar as novas gerações não pode fechar os olhos para este quadro triste, mas, ao mesmo tempo, desafiador e estimulante. Como afirma o filósofo Karl Popper, temos o dever moral de ser otimistas e de acreditar e lutar por um mundo melhor. O pessimismo ou o derrotismo não são atitudes que possam conviver com a fé cristã (e com nenhum outro tipo de fé). "Eu vim para que todos tenham vida", disse Jesus. Esse é o propósito da existência: a realização plena da vida. Nisso, a educação encontra sua principal tarefa e sua fonte fundamental de inspiração.

Superar o materialismo não significa abstrair o homem de sua condição material e fazê-lo viver num céu fictício. Karl Marx, com propriedade, já mostrou a deficiência desse tipo de religiosidade. Sem dúvida, há um tipo de religião que aliena as pessoas e as escraviza ao invés de libertá-las. Jesus condenou abertamente esse tipo de experiência religiosa.

Ao contrário, há uma experiência de fé que, desde onde estamos, nos lança para o alto. "Vós estais no mundo, mas não sois do mundo", disse Jesus, não para que desejemos sair do mundo, mas para que busquemos a Deus a partir de nosso cotidiano. Para se chegar ao sentido pleno da existência é preciso viver, a partir da concretude, a busca do infinito. Não podemos nos separar do mundo, pois arrancados do jardim jamais floresceremos. Mas, assim como a flor, guardamos uma riqueza que supera a beleza física e o encantamento natural que o tempo não sabe poupar.

Temos um tesouro guardado em um vaso de barro. Constantemente, somos tentados a conservar apenas o vaso, como se ele tivesse valor em si mesmo. Mas o tesouro não é o vaso.

Há uma centelha de infinito em nossa finitude. Há um sopro divino em nossa humanidade. Há um desejo de eternidade em nossa alma. Há uma saudade que nos incomoda. A isso eu chamo "sede de Deus". Ela me faz caminhar, apesar do cansaço e do calor do dia, em busca da fonte de onde jorra a única água capaz de saciar esta sede. A este caminhar constante e esperançoso eu chamo de "espiritualidade".

O educador é alguém que, tendo descoberto o caminho da fonte, não guarda para si apenas a riqueza dessa sua sabedoria, mas a reparte com o educando. É por isso que se pode falar de uma espiritualidade do educador. Atraído para Deus, o educador atrai outros tantos atrás de si.

Tempos de crise

O tema da crise tornou-se assunto comum em muitos campos de investigação, da antropologia cultural à educação, da ética à teologia.

Em tempos de crise, voltamos nossos ouvidos para os sábios. Não é à toa que tantos sábios e gurus, daqui e de lá, têm feito sucesso com seus livros de auto-ajuda, com seus conselhos espirituais e com a proposta de uma nova forma de vida.

A busca de significado para a experiência humana revela o desconforto da crise. Estamos perdidos, como marujos que não se valem mais de seus mapas de navegação ultrapassados ou desatualizados. Estamos à mercê das ondas da *cultura global* que agitam nossos barcos e ameaçam nos levar para o fundo do mar. Como os discípulos de Jesus, não deixamos de gritar: "Mestre! Estamos perecendo" (Lc 8,24).

Não vamos discutir aqui as questões referentes à crise de nosso tempo. Os documentos da Igreja, sobretudo nas últimas duas décadas, têm dedicado especial atenção ao problema.³ Além disso, há uma gama enorme de literatura filosófica, sociológica e histórica que se dedica à questão. Vamos apenas nos contentar em admitir as dimensões da crise e dizer que se trata de uma *crise profunda*, isto é, de uma crise que está mudando nosso modo de "ser", não apenas nosso modo de "ver" o mundo. Trata-se de uma *crise de valores*: não de *ausência*, mas de *inversão* de valores, em que a violência, a injustiça, a mentira e a corrupção parecem ganhar espaço cada vez maior; em que o supérfluo, o passageiro e o efêmero são absolutizados; em que as relações interpessoais passam a ser descartáveis e a ameaça da destruição do homem pelo próprio homem é cada vez mais real.

Diante dessa crise, procuramos pelos sábios, aqueles que sabem onde podemos encontrar uma luz. É nesse contexto que vemos a presença dos educadores, e aqui nos referimos não somente aos professores, em sentido restrito, mas também aos catequistas, aos religiosos, aos educadores da fé, aos pais e às mães e a todos os que têm a missão de preparar as novas gerações para a aventura da vida.

Não queremos rotulá-los como sábios, pois não é essa a questão, embora muitos deles possam, de fato, sê-lo. Ao contrário, vemo-los como aqueles a quem, muitas vezes, é dirigida a pergunta: *para onde iremos?* E aqueles que perguntam acreditam, de uma forma ou de outra, que eles são capazes de indicar um caminho, trazer uma centelha de luz, mostrar alguma seta.

---

[3] Documentos do Concílio Vaticano II, Conclusões das Conferências de Medellín e de Puebla; Conferência de Santo Domingo, nn. 230, 232, 233, 234, 235; Diretrizes da Ação Evangelizadora da Igreja no Brasil, nn. 23, 121, 148; Para uma Pastoral da Cultura, nn. 7 e 8; Carta Apostólica *Fides et Ratio*, nn. 6, 46, 60 e 91, entre outros importantes textos elaborados pela Igreja, nos últimos anos.

Nisso reside a grandeza da missão do educador: em propor respostas para a pergunta decisiva — *para onde iremos?* — e em ajudar os educandos a buscar suas próprias respostas.

Se o que se ensina é matemática, literatura ou economia, filosofia, geografia ou educação física, pouco importa. Importa apenas que seus valores pessoais, seus critérios de escolha, suas opções fundamentais, em suma, sua *espiritualidade* se mostre, como pano de fundo, além da equação matemática ou da análise literária, da fórmula de juros, da premissa filosófica, das teorias sobre o planeta ou das regras desse ou daquele esporte.

O educador, assim, tem a responsabilidade de *indicar caminhos* em tempos de crise, *mostrar mapas* quando perdemos o rumo, *oferecer novas bússolas* quando as nossas já não funcionam mais. Em suas mãos está a possibilidade de salvar o mundo ou de fazê-lo perecer, de uma vez por todas.

E isso não é exagero. Pensem, por exemplo, em quantas horas de nossas vidas são dedicadas a ouvir o que os educadores nos dizem; quantas horas das vidas de nossos filhos estão à disposição dos educadores?

E, mais ainda, por quantas horas de nossas vidas nós, educadores, estaremos diante de um grupo de alunos, dirigindo-lhes a palavra e, além disso, sendo-lhes exemplo e modelo.

Talvez, os recentes estudos de ciência da mente possam, em breve, mostrar quantitativamente a influência da escola e da educação na vida das pessoas, o quanto determinam sua vida futura, o quanto incidem em seu modo de ser e de agir no mundo, o grau de desenvolvimento que os anos escolares permitem. Mesmo sem tais indicativos numéricos, não é difícil perceber a força da educação, não apenas em termos de conhecimento acerca do mundo, mas de valores, isto é, de *engajamento no mundo*.

Se a responsabilidade do educador, em geral, é enorme e insubstituível, que dizer da responsabilidade do *educador cristão?*

"Vós sois o sal da terra" (Mt 5,13).

As palavras de Jesus são decisivas: se o sal perde seu gosto, para que serve? O educador cristão, pela força de sua fé, precisa viver como sal da terra. Ele precisa dar aos homens, aturdidos pela crise, um sinal de esperança. E onde buscará este sinal senão no Evangelho? Como poderá ser sal da terra sem fortalecer o espírito, sem intensificar a intimidade com o Mestre, sem se deter para ouvir-lhe a Palavra, sem se dedicar a refletir o Evangelho na própria vida e na vida dos homens de seu tempo?

O educador cristão precisa tornar-se adulto na fé, isto é, passar de *práticas espirituais* a uma *autêntica espiritualidade*, ou seja, uma vida cristã preenchida de profundo conteúdo evangélico.

Educar à luz do Evangelho

Existe, por certo, uma "pedagogia" que se possa inspirar no Evangelho. Fala-se, por exemplo, da "pedagogia das parábolas". Cremos que se pode aprender muito contemplando a atividade pedagógica de Cristo. Algo semelhante às virtudes do intelectual, descritas por Karl Popper,[4] como a modéstia e a honestidade, poderiam ser identificadas na atitude do "pedagogo" Jesus de Nazaré. Mas não é apenas nisso que se funda a espiritualidade do educador. A prática educativa, mesmo a de Jesus, esvaziada de seu conteúdo, torna-se simples "metodologia", "didática", "arte de ensinar" ou "técnica" pedagógica. E não há nada mais contrário ao Evangelho do que a preocupação com os ritos vazios e com os gestos exteriores que não levam à mudança interior. A crítica constante de Jesus aos fariseus concentra-se nesse ponto.

---

[4] Cf., p. ex., POPPER, Karl. *En busca de un mundo mejor*. Barcelona, Paidós, 1994 e, mais ainda, *A sociedade aberta e seus inimigos*. Belo Horizonte/São Paulo, Itatiaia/EDUSP, 1974.

Mais à frente, trataremos de alguns aspectos da atitude educativa de Jesus.

Existe, ainda, uma espiritualidade do educador que se encontra na leitura dos diversos carismas das comunidades religiosas que se dedicam ao ensino. Assim, podemos falar da pedagogia inaciana, da salesiana, da marista, da saletina e de dezenas de outras. Seguindo os passos dos fundadores, cada grupo de educadores focaliza um ou outro aspecto pedagógico que se possa recolher da contemplação da vida de Jesus e de sua mensagem.

Também não trataremos dessas muitas espiritualidades, pois nossa pretensão está longe de ser a elaboração de um compêndio histórico da pedagogia religiosa ou das diversas experiências cristãs de vida apostólica a serviço da educação.

O que queremos é refletir sobre o papel do educador cristão que deseja tornar-se *maduro na fé*. Embora, nesse campo, ninguém possa se considerar mestre, pois todos somos aprendizes, o Evangelho tem muitas indicações de caminhos para a maturidade espiritual.

A tradição espiritual da Igreja, por sua vez, tem inúmeros exemplos a ser seguidos. E essa é uma indicação para que os educadores busquem cada vez mais aprofundar sua experiência de fé. Teresa de Ávila, João da Cruz, Francisco de Assis, Inácio de Loyola são alguns entre os grandes mestres espirituais.

Aqui, no entanto, optamos por caminhar trilhando as indicações do Evangelho, sem referência explícita a essa rica tradição espiritual. Trata-se apenas de uma opção metodológica nossa. Queremos oferecer uma parcela de contribuição para que os educadores cristãos, iluminados pela Palavra de Jesus, tornem-se cada vez mais conscientes de ser sal da terra e luz do mundo, vivendo uma fé amadurecida e, tanto quanto possível, esquivando-se das *caricaturas espiritualistas* que hoje nos são oferecidas no atacado e no varejo.

Lanternas e lampiões

Diógenes, o filósofo grego, é conhecido por todos como aquele que, ao meio-dia, sai com uma lanterna pelas ruas de Atenas "à procura do homem". Onde está o homem? Onde ele se escondeu? Que disfarce ele usa que mesmo à luz do dia não me permite encontrá-lo?

A busca de Diógenes parece se atualizar na vida de cada educador. Como ele, tomamos nossas lanternas e saímos à procura do projeto de homem e de mulher que se esconde no rosto pueril de nossos educandos. Sim, um "projeto" de homem e de mulher. Não acabado, mas em promessa. Não como simples lembrança, mas como um sonho.

Isso me faz recordar uma das passagens do Evangelho que nos convida a tomar consciência de nossa missão de educadores: "Vós sois a luz do mundo" (Mt 5,14).

Jesus poderia ter dito apenas: "Eu sou a luz, venham atrás de mim", mas, ao contrário, disse: "Vós sois a luz". A espiritualidade cristã nos ensina que Deus não faz aquilo que cabe a nós mesmos fazer. Ela não se conforma a uma atitude de "sossego espiritual" despreocupado e ingênuo, relaxante e descomprometido. Antes, apresenta-se como uma proposta a ser assumida conscientemente, de modo operante.

Creio que é por isso que Jesus se refere ao Reino de Deus como uma vinha da qual somos obreiros. Não é como um jardim florido, no qual passeamos embalados por preces descomprometidas. Ele não nos quer simples expectadores, mas operários, trabalhadores braçais, mergulhados no mundo, rezando e suando por ele.

"Vós sois a luz" é muito mais comprometedor do que "vós tendes a luz". Diógenes tinha uma lanterna. Jesus vai além: ele propõe que nós mesmos sejamos a lanterna ou a tocha que ilumina o caminho dos homens.

Mais ainda: ele nos quer como reveladores do próprio homem. "Vós sois a luz" significa que é em nós que o homem se revela. E não é qualquer modelo de homem que devemos revelar, senão o homem nascido para uma vida nova: "Sede vós, pois, perfeitos, como é perfeito o vosso Pai celestial" (Mt 5,48). "Quem não nascer do espírito" não pode compreender o que significa revelar o homem ao homem.

Uma espiritualidade realmente fundada na mensagem de Jesus nos leva, como educadores, a experimentar a alegria e o compromisso de ser luz. Se o testemunho cristão é uma exigência que cabe a todos, ele o é ainda mais para quem educa.

As razões disso são claras: o educador está diante de pessoas em formação, ávidas por apreender idéias e atitudes. Cada gesto, palavra ou até mesmo ruído do educador estimula a percepção dos educandos. Os estudos no campo da psicologia revelam a capacidade da mente humana de reter informações e dados captados, ainda que de modo inconsciente, e a influência disso na vida das pessoas (seja como potencialidade, seja como empecilho).

Tudo em nós se torna educativo (ou deseducativo) quando estamos diante dos educandos: se somos rudes ou gentis, justos ou injustos, sinceros ou hipócritas, caprichosos ou relaxados... Em todas as nossas atitudes esconde-se uma lição a ser aprendida pelos educandos.

Além disso, o educador se encontra numa posição hierarquicamente privilegiada (o que não significa, *a priori*, permissão para ser autoritário): os educandos lhe devotam atenção e respeito, escutam-no, seguem-lhe as ordens, assumem suas palavras como "expressão da verdade".

Como educadores, somos nós que os conduzimos pela mão. Podemos levá-los a caminhos de vida ou a trilhas de morte. E isso não é exagero.

Quando a Igreja fala da "cultura de morte", está se referindo a *valores culturais* (isto é, produtos que podem ser ensinados e conservados dentro de uma comunidade humana) que levam à morte. Assim, a cultura da violência, a cultura da competição, a cultura do individualismo, a cultura do prazer (seja do sexo, das drogas ou do conforto), a cultura do poder e da dominação são alguns exemplos de "valores culturais" que nossas práticas educativas podem fomentar, mesmo que não tenhamos consciência disso.

A atitude ingênua do educador que faz uma competição entre os educandos para ver quem tem o melhor desempenho pode ser compreendida como simples motivação ou como estímulo para se superarem. Contudo, pode representar, também, um incentivo à competição e à ideologia de que "o mundo é para poucos" ou "o importante é levar vantagem em tudo". Da mesma forma, a atitude autoritária do educador pode criar nos educandos a falsa idéia de que "devemos estar acima dos outros para dominá-los".

Não educamos, portanto, apenas com os discursos técnicos ou quando dizemos "anotem em seus cadernos". Nossas atitudes falam mais do que nossas palavras. Nossos hábitos e modos de vida são tão ou mais eloqüentes do que nossas teorizações sobre os temas de nossas disciplinas.

"Vós sois a luz do mundo" é, mais do que uma ameaça, um apelo, um convite para que façamos de nossa vida, como educadores, um caminho de luz e de vida.

O lampião pode ficar guardado debaixo da mesa ou da cama e não vai conseguir iluminar. Será uma luz desperdiçada. Assim, posso ser um educador omisso, escondido debaixo da mesa.

O lampião também pode ser apagado. Por medo de indicar um caminho errado, prefiro abster-me de ser luz. Assim, serei um educador covarde.

Posso, ainda, como educador, usar de meu lampião para indicar qualquer caminho, sem compromisso com o futuro dos meus educandos e o futuro da humanidade. "Tudo vale, tudo é permitido, façam o que quiserem" será o meu *slogan* preferido. Assim, serei um deseducador, ou um educador infiel à minha missão diante dos homens e diante de Deus.

Ao contrário, porém, posso colocar meu lampião no alto da mesa, caminhar com ele, ser uma centelha de luz a brilhar nas trevas do relativismo de nosso tempo. Sem impor, mas propondo caminhos e trilhas, posso orientar os passos dos meus educandos. Assim, serei educador, iluminado e iluminador.

Hoje, mais do que nunca, a juventude parece carente de referenciais positivos que lhe mostrem caminhos em que é possível encontrar sentido para a própria existência. Há uma frase do conhecido padre Zezinho que sempre me chamou a atenção e me fez pensar na responsabilidade de ser educador: "Há muitos jovens vazios porque há poucos adultos transbordando". Pensemos nisso.

A vocação do educador

Quando entendemos que nossa vida tem um propósito além da pura materialidade, somos capazes de compreender nossas origens. A espiritualidade, assim, tende a nos fazer cada vez mais conscientes de que somos a realização de um desejo de Deus, único, irrepetível.

Por que meus pais se encontraram? Por que resolveram formar uma família? Por que quiseram ter filhos? Por que justamente aquela célula foi se encontrar com a outra metade? Por que não outra? Por que o embrião que começou a existir se desenvolveu até o nascimento? Por que não morreu antes do tempo, como às vezes ocorre? Por quê? Por quê?... E a lista de interrogações parece não ter mais fim.

Para alguns, pode parecer simples acaso ou, então, simples conjunção de causas. Para outros, contudo, isso tem a ver com um propósito espiritual: eu, você e cada pessoa que tivemos a chance de pisar este mundo fomos queridos por Deus, de modo especial.

É isso o que os cristãos entendem por vocação. A palavra latina *vocare* significa, precisamente, *chamar*. A vocação é, portanto, um chamado, um apelo, um convite de Deus dirigido pessoalmente a cada um de nós.

A vocação não diz respeito apenas a uma origem que tem em Deus seu impulso inicial, mas também revela um propósito, uma finalidade sonhada por Deus. Em poucas palavras, quando Deus nos chama, ele o faz para que realizemos um projeto de vida que nasce nele e nos conduz, de volta, ao convívio com ele. A vocação é um mistério que perpassa toda a nossa existência, do primeiro momento ao último suspiro.

Deus nos chama. E sua voz se faz ouvir pelos acontecimentos mais simples da vida: a palavra de alguém, o incentivo dos pais, o exemplo de uma pessoa que nos comoveu, a necessidade de alguém, o sofrimento de outro, um desejo profundo de ser isso ou aquilo... Deus nos chama de muitos modos. É preciso que estejamos atentos à sua voz. É preciso, também, que façamos calar as vozes do mundo que gritam tentando nos afastar de Deus.

Educar é uma vocação. É um chamado que vem de Deus. Esse é outro elemento-chave para aprofundarmos a espiritualidade do educador.

Mais do que uma profissão, um jeito de ganhar a vida, a educação é a forma pela qual nós *gastamos* a nossa vida. Como uma vela que se consome ao iluminar, nós nos consumimos fazendo-nos luz para os educandos. A vela pode ser poupada, mas não iluminará. Nós também podemos nos omitir, nos preservar dessa tarefa, mas seremos vela que para nada serve.

A vocação tem, assim, esse caráter de doação e de entrega, pois não há outra forma de realização da própria vida senão como oferta de si para os outros: "Se o grão de trigo não morrer" a vida não poderá continuar a brotar.

Embora a resposta positiva ao chamado seja condição para a realização plena da própria vida, Deus não nos obriga a acatar seu chamado. A vocação é sempre um convite que pode ser aceito ou não.

Lembremos do jovem rico do Evangelho. Ele chegou a Jesus cheio de entusiasmo, querendo ser perfeito, querendo ser bom. Quando soube das condições para seguir Jesus, abaixou a cabeça e foi embora, entristecido. Jesus não correu atrás dele, não forçou sua adesão ao chamado, apenas lamentou a dificuldade que nós temos em abandonar as nossas certezas para abraçar um projeto que exige fé, despojamento e entrega.

O jovem rico representa cada um de nós que se sente amarrado ao chão, incapaz de olhar para o alto e de se lançar em vôos mais elevados.

Quando pensamos na educação à luz do chamado de Deus, compreendemos que:

- educar não é só uma tarefa, mas um *modo de ser*: por isso se diz "ser educador" e não, apenas, "estar educador". Isso é importante: vocação não é algo da ordem prática, do fazer, mas algo que se realiza no mais profundo de nosso ser. Diz respeito à nossa essência;

- o educador não nasce educador, quero dizer, já pronto, acabado. Embora seja chamado por Deus, a resposta ao chamado vai exigir preparação e aprendizado constantes. Jesus, depois de chamar os discípulos, preparou-os durante três anos. A formação permanente é uma conseqüência da própria fé: quem se sente chamado coloca-se a caminho, procurando sempre ser mais fiel a quem o chama. A cada dia, renovo minha resposta a Deus, empenhando-me mais e mais para realizar seu propósito;

- a vocação do educador é dinâmica, é um chamado que se repete dia a dia, inserido no tempo e na história. E não poderia ser diferente. A vocação não tira ninguém do mundo e das condições reais da vida. Ao contrário, é um convite que espera uma resposta arraigada na própria vida e no contexto em que cada um de nós está inserido. Por isso, a cada dia, como Francisco de Assis, devemos renovar a pergunta: "Senhor, que queres que eu faça?". Quando Deus nos chama, ele continua ao nosso lado, orientando nossos passos: "Estarei convosco", disse Jesus aos discípulos, e o mesmo ele repete a cada um de nós hoje;

- a vocação não é um chamado para ir em frente, sozinho, por onde Deus quer que nós vamos. Mas é um chamado a segui-lo: "Vem e segue-me" é a expressão que os evangelhos registram como o modo próprio pelo qual Jesus dirigia seu convite aos discípulos. *Seguir Jesus* é, assim, o cerne da vocação cristã. Também para o educador vale a mesma orientação: seguir o Cristo Mestre, o Cristo Educador, é o núcleo de nossa experiência de fé, isto é, de nossa espiritualidade.

A tentação do Tabor

Nunca poderemos compreender, em sua profundidade, a experiência dos três apóstolos diante de Jesus transfigurado. A cena descrita pelo Evangelho (Lc 9,28-36) fala de uma experiência de fé que não pode ser reduzida a categorias conceituais sem perder sua grandiosidade. É pelos olhos da fé que precisamos investigá-la, com humildade.

Pedro, João e Tiago estão diante de Jesus revelado em toda a sua divindade. "É bom estarmos aqui!" Sim, é uma experiência de plenitude, de realização plena; é uma experiência de visão da promessa, de antecipação da transcendência; é um céu na terra. Quem de nós não gostaria de estar no lugar de Pedro ou de Tiago ou de João? Nossas crenças seriam confirmadas; aquilo que vemos sob o véu da fé seria revelado em toda a sua realidade ontológica. Visão sobrenatural, revelação da divindade daquele profeta que vivia no meio do povo, pregando o advento de uma nova ordem das coisas.

O Tabor representa, na formação espiritual dos discípulos, um momento especial. Sem entender direito a dimensão profética do Reino anunciado por Jesus, os três discípulos se encontram face a face com a divindade do Mestre. Experimentam a glória, pouco depois de terem ouvido o primeiro anúncio da paixão (Lc 9,22) e as condições para seguir Jesus: "Se alguém quer vir após mim, renuncie a si mesmo, tome sua cruz, cada dia, e siga-me. Pois quem quiser salvar sua vida a perderá, e quem perder sua vida por causa de mim a salvará" (Lc 9,23-24). A presença de Moisés e Elias não apenas confirma a glória de Jesus, mas relembra seu destino, pois "conversavam sobre a saída deste mundo que Jesus iria consumar em Jerusalém" (Lc 9,31).

O paradoxo do Tabor coloca-se em estreita ligação com a espiritualidade cristã. De um lado, a promessa (e mesmo a experiência) de transcendência, de glória, de vida em plenitude. De outro, a realidade da cruz e do sofrimento.

Quantos de nós fomos educados para entender a espiritualidade como momentos de Tabor sem paradoxo. Apenas contemplação da glória de Jesus, exaltação de sua divindade, espera pela manifestação gloriosa do Reino, satisfação e gozo espiritual ("Como é bom estarmos aqui!"), esquecendo-nos de que é preciso descer a montanha e ir para Jerusalém. Acabamos reduzindo a vida espiritual a momentos de Tabor, como se nada mais importasse. Sem perceber, esvaziamos nossa oração e nossa contemplação, fazendo tendas que nos afastam do mundo e da cruz dos homens. Nossa espiritualidade se dissolve em "momentos especiais" de silêncio, em casa ou na igreja, num retiro qualquer, depois dos quais voltamos, "lamentavelmente", para a vida concreta de nossos afazeres, obrigados a nos desligar do mundo espiritual.

Sim, vivemos uma esquizofrenia espiritual: vagamos de um mundo ao outro, do espiritual ao mundo do cotidiano, limitando-nos à resignação por não podermos construir tendas definitivas sobre o monte.

Como resultado, enfraquecemos nosso compromisso de transformação do mundo. Estamos no mundo apenas por questão de contingência, enquanto esperamos a manifestação gloriosa do Reino. Trata-se de uma fé inofensiva, que espera, na passividade, que o Reino de Deus venha até nós. É uma fé manca, deturpada e deturpadora. Inverte a lógica do Evangelho, detendo-se apenas em uma das dimensões da vida espiritual.

A contradição logo se manifesta:

- o homem de missa diária não consegue, em seu trabalho, viver a fraternidade que o Evangelho sugere;

- o empresário que não se levanta sem o sinal-da-cruz não consegue impedir as injustiças que se cometem em sua empresa;

- o político corrupto vai à missa e comunga com piedade e devoção;

- os poderosos que exploram o povo são amigos do bispo e ajudam as obras da diocese;

- o padre, piedoso e devotado às coisas de Deus, enxota os mendigos que dormem na calçada da igreja;

- a religiosa, que passa o dia em oração, não consegue perceber que, no bairro onde se instala seu grandioso colégio para crianças ricas, outras crianças morrem diariamente de fome, e outras, ainda, não têm acesso à educação, à saúde e às condições mínimas de vida digna;

- o professor cristão que vive em grupos de oração não deixa de ser autoritário com seus alunos e de tratá-los com desprezo;

- a professora, catequista nos finais de semana, não consegue ensinar a seus alunos outra atitude a não ser a lógica da competição e do mercado, quando, inocentemente, afirma: "Estudem para vencer, pois o mundo é para poucos";
- o maior país católico do mundo mata milhões de seus filhos de fome, deixa milhares de famílias sem terra e condena seus jovens a um futuro sem horizonte.

E proliferam, cada vez mais, os movimentos de espiritualidade esquizofrênica, deformando os cristãos e ensinando-os a ler o Evangelho com lentes desfocadas. Cresce o número dos convertidos a uma religiosidade de *relax espiritual*, sem compromisso com a transformação do mundo e sem ligação com a história. Por sua vez, aumenta sempre mais o número dos pregadores de um *catolicismo clínico*, de cura dos males da alma, de alívio psicológico, de superação do estresse e de libertação das neuroses religiosas, criadas por eles mesmos e por seus métodos de imposição da culpa e do medo.

O homem espiritual formado por certos movimentos de Igreja é um cristão míope, um cristão que vive de práticas espiritualistas, mas que não conseguiu crescer no caminho de uma espiritualidade autenticamente evangélica. É um cristão que se deixou levar pela tentação do Tabor. Viu a glória de Deus, mas se esqueceu de que o Reino só se realizará aqui quando conseguirmos mudar as relações humanas, quando conseguirmos transformar a guerra em paz e a morte em vida, quando as crianças tiverem chance de crescer como gente e de lutar para descobrir o sentido da vida.

O educador cristão precisa compreender o paradoxo do Tabor e saber viver a crise espiritual de estar no mundo sem ser do mundo (cf. Jo 17,14). Jesus não estava propondo a omissão diante da realidade concreta da história ("Não rogo que os tireis do mundo", Jo 17,15); antes, estava dizendo que a vida do Reino começa aqui, mas seu destino final transcende a própria história.

Assim é possível educar sem dicotomias, sem maniqueísmos, sem esquizofrenia espiritual.

Assim é possível educar para a responsabilidade diante da vida, do mundo e do outro.

Assim é possível educar para a solidariedade e a fraternidade como único caminho que leva a Deus.

É isso o que Jesus ensina no Evangelho: "Nem todo aquele que me diz 'Senhor! Senhor!' entrará no Reino dos Céus, mas só aquele que põe em prática a vontade de meu Pai que está nos céus" (Mt 7,21).

A porta estreita

A proposta de Jesus está longe de ser a mais confortável e prazerosa. E, hoje, o ser humano tem uma grande dificuldade em aceitar aquilo que exige esforço. Somos, sem dúvida, a civilização do controle remoto, do comodismo, do caminho mais fácil.

Depois de Freud, a noção de desejo passou a dominar grande parte da nossa cultura, como elemento justificador de nossas escolhas. Não apenas o desejo sexual, mas o desejo de poder, de sucesso, o desejo de bem-estar, o desejo de ser amado e reconhecido parecem fazer parte da preocupação cotidiana das pessoas.

Há uma resposta religiosa à atual tendência que se encontra numa visão errônea da mortificação. A simples repressão dos impulsos não é uma atitude positiva em si mesma. Mais do que reprimir, a moderna psicologia fala de orientar ou canalizar. Também no âmbito das religiões, por muito tempo insistiu-se na repressão dos desejos e impulsos, na fragilidade da carne, na necessidade da mortificação, na dicotomia entre corpo e espírito. O empenho moralizante era tão grande nesse sentido que acabava sendo o foco de nossas atenções, transformando a experiência religiosa em simples prática moralista. É o Papa Bento XVI quem nos ensina: "O início do ser cristão não consiste numa grande ideia nem numa decisão ética, mas num acontecimento: o encontro com uma pessoa, que muda o horizonte da vida e aponta para um rumo definitivo".

Evoco esse ponto porque vejo um aspecto fundamental no que tange ao mundo da educação e, assim, algo que pode iluminar a espiritualidade do educador cristão. A proposta de Jesus, em todo o Evangelho, é uma proposta de liberdade e de libertação, e não o contrário. Ele foi claro quando chamou a si "os que estavam cansados sob o próprio jugo", isto é, sob o jugo da imposição das leis dos fariseus. Jesus propõe a liberdade diante da lei. Sem revogá-la, assegura-lhe o que é mais importante: a consciência livre de quem a assume.

Há um tipo de educação que se caracteriza pela atitude repressora e moralizante. Por outro lado, há outro modo de educar que prioriza a liberdade e a autonomia. Creio que este segundo caminho é mais educativo, pois respeita aquilo que é próprio do ser humano: a consciência e a liberdade, sem o que o cumprimento cego das leis se torna desumanizante.

"Entrai pela porta estreita" (Mt 7,13) é mais do que um apelo moral, no sentido estrito do termo. Jesus não está recomendando, apenas, uma vida de sacrifício, de prescrição de regras, uma vida disciplinada feita de imposições e de condutas a serem assumidas. Ele estaria em contradição com toda a novidade de seu Evangelho. Era justamente isso o que ele mais criticava nos fariseus.

"Entrai pela porta estreita" não é adotar pequenas regras de conduta para formar um grupo de pessoas escrupulosas, como parecem ser muitos cristãos. Trata-se, ao contrário, de assumir o verdadeiro compromisso da construção do Reino de Deus. Esse é o sacrifício que importa. Essa é a exigência fundamental. Esse é o ponto que merece nossa atenção, nosso empenho e a doação de nossa vida. Essa é a porta estreita.

A educação religiosa que coloca o foco na resignação e na penitência acaba criando pessoas espiritualmente doentias, fechadas em si mesmas, tendo de resolver seus conflitos apenas com Deus, como se a proposta cristã fosse um eterno acerto de contas entre o indivíduo e Deus. Tal visão restritiva não forma comunidade, não leva ao engajamento com o outro, não favorece o amor fraterno, não tem implicações na história, porque está restrita ao âmbito da consciência individual.

Se prestarmos bastante atenção à posição em que Mateus insere o conselho sobre a porta estreita, veremos que se encontra quase no final do capítulo 7, quando se encerra um grande discurso de Jesus sobre o modo autêntico de viver, iniciado já no capítulo 5. Ali aparecem outras exigências fundamentais, estas, sim, significativas e às quais devemos dar toda a nossa atenção:

- de início, Jesus proclama as bem-aventuranças (Mt 5,1-12);
- alerta-nos para sermos sal e luz (Mt 5,13-16);

- afirma que não veio revogar, mas dar pleno cumprimento à lei (Mt 5,17-19);
- mostra que a justiça dos fariseus deve ser superada por uma nova forma de se relacionar com a lei (Mt 5,20-48);
- sugere a esmola em segredo (Mt 6,1-4);
- sugere a oração em segredo (Mt 6,5-6);
- ensina a rezar, voltando os olhos para Deus e para o próximo (Mt 6,7-15);
- sugere o jejum em segredo (Mt 6,16-18);
- mostra que o sentido da vida não está nos tesouros ajuntados aqui (Mt 6,19-21);
- fala da cegueira da alma (Mt 6,22-23);
- ensina que não se pode servir a dois senhores (Mt 6,24);
- ensina a não nos preocuparmos com aquilo que o Pai nos concede gratuitamente, mas a buscarmos o fundamental: o Reino de Deus (Mt 6,25-34);
- ensina-nos a não julgar (Mt 7,1-5);
- ensina-nos a conservar o que é sagrado (Mt 7,6);
- ensina-nos a pedir com confiança (Mt 7,7-11);
- proclama a regra de ouro: fazer aos outros o que queremos que nos façam (Mt 7,12);
- diz para nos acautelarmos dos falsos profetas, dos hipócritas; devemos ver seus frutos (Mt 7,15-20);
- finalmente, afirma que é preciso ser cumpridor da Palavra, colocar em prática a mensagem de Jesus, isto é, inserir o Evangelho na vida e na história (Mt 7,21-27).

O evangelista termina o capítulo 7 com uma expressão de sentido profundo para a educação cristã: "Quando ele terminou estas palavras, as multidões ficaram admiradas com seu ensinamento. De fato, ele ensinava como quem tem autoridade, não como os escribas" (Mt 7,28-29). Evidentemente, não se trata de autoritarismo, mas de coerência, de testemunho, de coesão entre o discurso e a própria vida.

Oxalá nós, educadores cristãos, inspirados pela mensagem do Evangelho, possamos ensinar com autoridade. Talvez o Reino se torne cada vez mais presente entre nós, apesar da estreiteza da porta.

Criar novas condições de relações entre nós; ser sal da terra e luz do mundo; construir nossa casa sobre a rocha; reconciliar-nos com o Pai, mas também com os irmãos; ajuntar tesouros que não se corrompem; fazer o bem sem esperar elogios. Este é o caminho estreito. Estes são os sacrifícios que devemos fazer. Estas são as únicas regras que devemos adotar se quisermos merecer o nome de cristãos e se quisermos que a nossa educação também leve este título.

A autenticidade cristã

O caminho da espiritualidade cristã deveria começar com a consideração dessa pergunta: "Por que me chamais 'Senhor! Senhor!', mas não fazeis o que vos digo?" (Lc 6,46). Uma espiritualidade autêntica deveria se empenhar por fazer dessa pergunta o ponto central de nosso exame de consciência e de nosso programa de vida.

A forma de relação que Jesus propõe entre o homem e Deus está apoiada na verdade. A verdade é, pois, a coerência entre a intenção e a ação ou, em outros termos, entre a interioridade e a exterioridade. Não se trata de ressaltar a dicotomia entre a alma e o corpo, ou entre o mundo do espírito e o mundo material. Antes, trata-se de unir estes dois elementos, uma vez que, no Evangelho, a visão de pessoa supera o dualismo psicofísico: Jesus ensina, perdoa e cura, trata do corpo e da alma, enxerga a pessoa em sua plenitude.

A verdade assume aí um sentido de compromisso com a missão. Cumprir aquilo que Jesus nos manda fazer é responder ao seu chamado: "Vem e segue-me". E ele não quer que sejamos hipócritas. Não quer que sejamos homens e mulheres de meias palavras. Não quer que o sigamos senão na entrega total.

A religiosidade apoiada em um ritualismo externo deve ser substituída por uma forma de relação autêntica com Deus. Essa relação nasce da verdade, está assentada na verdade. O homem se mostra a Deus como é, contempla-o face a face, sem máscaras, sem fingimento. Esta abertura total a Deus, sem fingimento, está na declaração de Pedro: "Tu sabes que te amo" (Jo 21,15b). Mesmo depois da traição e da covardia, a pessoa está aberta diante de Deus, não tem nada a esconder. Coloca-se diante dele tal como é, com sua miséria e suas virtudes. Pedro não diz, simplesmente, "tu me conheces", mas "tu sabes que te amo": existe uma relação, existe um compromisso e uma entrega; apesar dos deslizes, há uma busca sincera de fidelidade e de coerência.

Deus, por seu turno, se revela, mostra seus desígnios mais profundos, fala sobre seus planos, convida-nos a sermos participantes de sua missão, convida-nos a tomarmos parte na construção do Reino, permite-nos conhecê-lo profundamente. E se interessa em saber se já o conhecemos ou não: "E vós, quem dizeis que eu sou?" (Lc 9,20). Jesus não tem problema com sua auto-estima. Ao perguntar o que dele pensam os seus amigos, interessa-lhe saber o grau de intimidade que conseguem estabelecer com ele. Interessa--lhe saber se estão amadurecendo no próprio caminho espiritual, que outra coisa não é senão a relação com o próprio Jesus. É essa relação de verdade que deve fundar a espiritualidade cristã. Tal atitude nada tem a ver com a arrogância, com a presunção, com a hipocrisia, com a *representação de papéis* diante de Deus, com a atitude dissimulada, com a aparente superioridade diante dos outros, com a atitude que cria divisão na comunidade cristã, na atitude que supervaloriza a hierarquia como poder e não como serviço. Essas atitudes não são raras em muitos círculos cristãos. Para o educador cristão, a pergunta "Por que me chamais 'Senhor! Senhor!', mas não fazeis o que vos digo?" se reveste de uma gravidade ainda maior, pois, na condição em que está, a incoerência pode se transformar em escândalo, com o qual Jesus não é tolerante: "Se alguém escandalizar um destes pequeninos que crêem, melhor seria que lhe prendessem ao pescoço a mó que os jumentos movem e o atirassem ao mar" (Mc 9,42).[5]

O educador cristão não precisa ser perfeito, santo, mas precisa ser autêntico, verdadeiro, honesto diante de Deus e dos irmãos. Embora seja chamado à santidade, o que é prerrogativa de todos os batizados, ele tem consciência de que a perfeição é um processo e não um estado de vida. O pedido de Jesus — "sede perfeitos" — não desconsidera as etapas a serem vencidas, as lutas a serem travadas, a cruz diária a ser assumida e carregada. Quem quiser segui-lo, "tome sua cruz cada dia" (Lc 9,23b), isto é, recomece sempre, esteja disposto a caminhar, a renovar a própria decisão de viver por ele e por seu Evangelho. A resposta ao chamado de Jesus não se dá de uma vez por todas, mas é uma resposta que se vai confirmando ao longo de uma vida inteira de seguimento e de aprofundamento da amizade e da intimidade com ele. Esse é o caminho da espiritualidade. Por isso, não interessam os aspectos exteriores, os rituais vazios; interessa a transformação interna do coração e da consciência. Interes-

---

[5] Cf. *Bíblia de Jerusalém*. São Paulo, Paulus, 2002.

sa a entrega sincera, coerente, honesta e sem fingimento, como Maria: "Eis aqui a serva do Senhor! Faça-se em mim segundo a tua palavra" (Lc 1,38).

Maria não se orgulha, não se acha a mulher perfeita, não acredita que Deus fez a melhor escolha, não disse "se não eu, quem?", como nós muitas vezes dizemos, no segredo do nosso coração, quando almejamos cargos, posições e os primeiros lugares, ainda que seja na condução da Igreja.

Maria tem consciência de si. "Sou a serva." Apresenta-se como é diante de Deus, sem máscaras. Assume uma relação com ele apoiada na verdade de sua própria existência e condição. Mais ainda, coloca-se à sua disposição, assume um compromisso, diz "sim" ao seu chamado, coloca-se a serviço da construção do Reino. Esse é o melhor exemplo de espiritualidade cristã.

Maria não se fecha em uma relação mesquinha e egoísta com Deus, uma relação narcisista de quem diz "Veja, Senhor, como sou bom, santo e perfeito". Não. Ela se coloca na própria condição e assim se abre a ele e ao seu projeto de amor aos homens. Sai do sossego, da acomodação, da condição de espera, da segurança da clausura e se coloca a caminho. Não entende tudo, não sabe aonde a estrada vai dar; traz mil perguntas em seu coração, mas se entrega à relação com Deus, apoiada na verdade e na fé.

"O profeta Isaías bem profetizou a vosso respeito, hipócritas, como está escrito: 'Este povo me honra com os lábios, mas o seu coração está longe de mim. É inútil o culto que me prestam, as doutrinas que ensinam não passam de preceitos humanos'. Vós abandonais o mandamento de Deus e vos apegais à tradição humana" (Mc 7,6-8).

O Reino é das crianças

Quando ouço as palavras de Jesus sobre as crianças e o Reino, não deixo de sentir o peso da responsabilidade de educar: "Deixai as crianças, e não as impeçais de virem a mim; porque a pessoas assim é que pertence o Reino dos Céus" (Mt 19,14).

O que pode impedir uma criança de chegar à experiência da fé?

Essa é uma questão fundamental. Na condição de educadores, deveríamos estar constantemente atentos a este ponto. A pressa em responder a pergunta crucial não deve nos impedir de levantar outras questões tangenciais.

- Num mundo de mil vozes e de mil propostas às crianças e aos jovens, como lhes oferecer uma alternativa de vida que seja plena de sentido e de significado?

- Qual é o grande diferencial de nossa educação?

- Em que valores estão sustentadas nossas práticas educativas?

- Qual é a identidade de nossa instituição escolar?
- Como elevar o nível de engajamento da minha comunidade escolar com a identidade da instituição?
- Como fazer que os professores se tornem cada vez mais comprometidos com os valores do humanismo cristão?
- Como ajudar os professores a viver de modo mais autêntico a fé que cultivam?

Talvez o ponto fundamental seja este: nossa educação se estrutura sobre a lógica do mundo ou sobre a do Evangelho?

A resposta a esta última questão nos ajuda a responder as outras perguntas.

Qual é a lógica do mundo?

É a lógica da competição, da dominação dos poderosos sobre os fracos, da conquista dos bens e das riquezas, do sucesso e do prestígio, da conquista dos primeiros lugares, da oração em praça pública, do orgulho de ser exímio cumpridor da lei. É a lógica da arrogância intelectual e religiosa, da lei de talião, das meias verdades e do egoísmo.

A lógica do mundo é a atitude de vida que se fundamenta no ter, no poder e no prazer como fim em si mesmos.

Tal visão de mundo se expressa dos mais variados modos e se difunde de forma sorrateira, minando as consciências e anestesiando nosso senso crítico e nossa capacidade de escolha. Aos poucos, vamos sendo levados a pensar e a agir de modo a corresponder a essa ideologia.

Quando nossa educação privilegia apenas os bons alunos, os que conseguem as melhores notas e os primeiros lugares no vestibular, estamos difundindo a lógica do mundo.

Quando em nossas escolas somente as classes privilegiadas têm acesso ao ensino, estamos dando mostras de que vivemos de acordo com a lógica do mundo.

Quando em sala de aula valemo-nos do autoritarismo e da opressão de quem "sabe" sobre os que "não sabem", estamos pregando a lógica do mundo.

Quando a arrogância intelectual sepulta a modéstia que nos faz garimpeiros da verdade, estamos vivendo segundo a lógica do mundo.

Quando nossas aulas formam a mente, mas não tocam o coração de nossos educandos para a vivência do amor e da fraternidade, estamos a serviço da lógica do mundo.

Quando a paz é apenas um tema de estudo e não uma atitude a ser construída e incentivada, estamos agindo de acordo com a lógica do mundo.

Quando nossa atitude positivista mata a semente da fé que está no coração de nossos alunos, somos servidores da lógica do mundo.

Todos nós devemos analisar nossas práticas educativas e nossas consciências. Isso inclui nossas metodologias, nosso sistema de avaliação, nossa didática, nossos esquemas disciplinares, nossos modelos de aula, nossa conduta, nossas intenções e nossos valores.

As bem-aventuranças (Mt 5,1-12) podem ser um primeiro incentivo à nossa auto-avaliação. Elas nos ajudam a entender a lógica do Reino de Deus.

Faz parte da experiência de fé a revisão de vida e a coragem de mudar, de se converter. Ninguém nasce perfeito, mas somos chamados a ser cada dia melhores.

Nossas imperfeições não nos fazem menos merecedores do seguimento de Jesus. "Não vim chamar os justos, mas os pecadores", disse ele.

Uma espiritualidade do educador não serve para os que se julgam santos, pois estes já se crêem salvos. Ao contrário, serve para quem se lança pelo caminho da busca de Deus, com sinceridade e coerência.

O educador Jesus de Nazaré

Jesus era, sem dúvida, um educador. As páginas do Evangelho estão repletas de exemplos de sua ação educativa.

- "Jesus percorria toda a Galiléia, ensinando nas sinagogas" (Mt 4,23).
- Jesus ensina com autoridade (cf. Mt 7,29).
- "[...] se pôs a ensinar na sinagoga local" (Mt 13,54).

Jesus ensina de tal modo que seus conterrâneos ficam surpresos: "De onde lhe vêm essa sabedoria e esses milagres?" (Mt 13,54). E seu ensino não é apenas discursivo, demagógico, mas o leva à prática, à transformação da realidade (sabedoria e milagres apresentam-se juntos).

Uma espiritualidade do educador, como disposição de seguimento de Jesus, pode ser fartamente inspirada pela reflexão de suas atitudes educativas.

Vejamos alguns exemplos:

- Jesus educa para a sensibilidade: "Vede os lírios do campo e as aves do céu" (cf. Mt 6,28).

- Ele incentiva seus discípulos à prática da verdade: "Seja o vosso sim, sim, e o vosso não, não" (Mt 5,37).

- A cidadania faz parte de suas lições: "Devolvei, pois, a César o que é de César" (Mt 22,21).

- Jesus se faz modelo de vida: "Segui-me" (Mt 4,19).

- Jesus ensina a importância dos valores e da observância das leis: "Não penseis que vim abolir a Lei e os Profetas. Não vim para abolir, mas para cumprir" (Mt 5,17).

- Ele chama a atenção à desobediência e ao mau exemplo: "Quem desobedecer a um só destes mandamentos, por menor que seja, e assim ensinar os outros, será considerado o menor no Reino dos Céus" (Mt 5,19).

- Jesus recomenda que se viva e se ensine a ética: "Quem os praticar e ensinar será considerado grande no Reino dos Céus" (Mt 5,19).

- Ele recomenda a prudência e a simplicidade: "Sede, portanto, prudentes como as serpentes e simples como as pombas" (Mt 10,16b).

- Sabe estabelecer os limites entre o mestre e os discípulos, mas incentiva os discípulos a imitá-lo: "O discípulo não está acima do mestre, nem o servo acima do seu senhor. Para o discípulo, basta ser como o seu mestre, e para o servo, ser como o seu senhor" (Mt 10,24-25a).

- Acredita que a educação se faz sob a força da mansidão e da humildade: "Sede discípulos meus, porque sou manso e humilde de coração" (Mt 11,29).

- Jesus ensina o comprometimento com os outros e a solidariedade, despertando a autonomia dos discípulos: "Vós mesmos dai-lhes de comer" (Mt 14,16b).

- Ele lhes dá confiança: "Coragem!" (Mt 14,27); e ainda: "Levantai-vos, não tenhais medo" (Mt 17,7).

- Jesus não deixa de ter senso crítico: "São cegos guiando cegos" (Mt 15,14a); e ainda: "Cuidado com o fermento dos fariseus" (Mt 16,11).

- Jesus avalia a aprendizagem de seus discípulos: "E vós, [...] quem dizeis que eu sou?" (Mt 16,15).

- Ele ensina que o amor aos irmãos é condição para o culto a Deus: "Vai primeiro reconciliar-te com teu irmão. Só então, vai apresentar a tua oferenda" (Mt 5,24).

- Jesus ensina o valor do amor universal, invertendo a lógica do mundo: "Amai os vossos inimigos" (Mt 5,44).

- Jesus respeita a reação de cada um diante de suas palavras: "Quem tem ouvidos, ouça" (Mt 11,15).

- Jesus fala de modo simples, por meio de parábolas (Mt 13).

- Ele educa para uma ética do comprometimento e da coerência, não apenas da aparência: "O que torna alguém impuro não é o que entra pela boca, mas o que sai da boca, isso é que o torna impuro" (Mt 15,11).

- Jesus sabe corrigir e levar os discípulos a tomar consciência de suas atitudes: "Tu estás sendo para mim uma pedra de tropeço" (Mt 16,23).

- Jesus ensina a importância de viver de acordo com a fé que professamos: "Quem ouve estas minhas palavras e as põe em prática é como um homem sensato, que construiu sua casa sobre a rocha" (Mt 7,24).

- Jesus condena a hipocrisia: "Tira primeiro a trave do teu olho, e então enxergarás bem para tirar o cisco do olho do teu irmão" (Mt 7,5).

Estes poucos exemplos recolhidos do evangelho de Mateus não pretendem esgotar os aspectos educativos da prática de Jesus. Antes, desejam despertar nosso interesse em ler o Evangelho sob a ótica da espiritualidade do educador. Creio que seja um bom exercício espiritual para aprofundarmos nossa experiência de fé em Jesus Cristo e na educação.

Conclusão

Não há caminho espiritual definitivo, mesmo para quem vive o seguimento de Jesus em fidelidade ao Evangelho, pois a vida de cada um é um acontecimento único e a história se desenrola a partir de nossas escolhas e de nossas opções.

Seguir Cristo, como educador, é um caminho que vai se construindo aos poucos, à medida que tornamos mais íntima nossa relação com ele, e mais viva a chama de nossa fé.

Este livro não disse tudo, porque muito há que se caminhar. É uma proposta inicial.

Que o Espírito Santo de Deus germine esta semente.

Sumário

Início de conversa 7

Sobre ensinadores e educadores 9

Sabedoria espiritual 13

A vida segundo a carne 17

A vida segundo o espírito 21

Espiritualidade ou espiritualidades? 25

Labirinto religioso 27

Dá-me de beber 37

Tempos de crise 43

Educar à luz do Evangelho 47

Lanternas e lampiões 49

A vocação do educador 55

A tentação do Tabor 59

A porta estreita 65

A autenticidade cristã 71

O Reino é das crianças 75

O educador Jesus de Nazaré 79

Conclusão 83

Impresso na gráfica da
Pia Sociedade Filhas de São Paulo
Via Raposo Tavares, km 19,145
05577-300 - São Paulo, SP - Brasil - 2014